It's OK to...

by: **Hank Schneider**

illustrated by: **Pati Pierce**

❤ Luv U Books, LLC
Cincinnati, Ohio

It's **OK** to...

Be Okay!

Go your own way

It's **OK** *to...*

Trust Care Love Share

Believe in yourself
Be successful

It's **OK** *to...*

Cry

Dream

Laugh

Scream

Laugh at yourself
Laugh for no reason at all

 *It's* **OK** *to...*

Be right

Be wrong

Be proud

Be strong

Sing in the shower
Have sweet dreams

It's **OK** *to...*

Do everything

Do nothing

Be rich

Be poor

It's **OK** *to...*

Tell your friends that you just can't do it

Say no to something even if everyone else says yes

Just say yes
Just say no
Admit you don't know

It's **OK** *to...*

Take a nap in the middle of the afternoon

Lay on the couch all day...

Read a book in bed
Stay in your jammies all day

It's **OK** *to...*

Drive a new car

Drive a used car

Drive your old car one more year

Take a bus

Take a train

Travel coach

Just walk in the rain

It's **OK** *to...*

Admit when you're lost

Drive 55 mph if 65 mph is too fast for you

Ask for directions
Use a map

 *It's* **OK** *to...*

Be a witness if you see an accident

Be the designated driver

Let someone in front of you on a crowded highway

Let someone cross the street even if they are not in a cross walk

Stop and help someone who has run out of gas or has a flat tire

 *It's* **OK** *to...*

Share a good book with a friend

Tell a joke to a sick friend

Visit your friend's mother in a nursing home

Shovel your neighbor's drive

It's **OK** *to...*

Invite a new friend to your home for dinner

Try a new recipe out on your friends

Have friends for dinner
and let them help

It's **OK** to...

Take a person of a different faith to your synagogue, church, or mosque

It's **OK** *to...*

*Count on someone to do
what he or she says they will do*

Be disappointed in the people that you love

Tell someone what they have done
is not **OK** *with you*

 *It's* **OK** *to...*

$\mathcal{W}$*ish anyone and everyone a* **MERRY CHRISTMAS**

Decorate your home for the holidays

It's **OK** *to...*

Stop and pray anytime, anywhere

Check out the competition

Shop in an independent grocery store instead of a big chain store

Shop at a thrift store

It's **OK** *to...*

Be in a car with someone and not talk

Be quiet even though you're sitting with a talker

Sleep at the opera

Talk in the elevator

 *It's* **OK** *to...*

Go to a movie in the middle of the day

Skip lunch and take a walk instead

Take a Mulligan

Go south for the winter

It's **OK** to...

Skip a meal Skip a rope

Have dinner alone
Take a vacation alone
Go to a movie by yourself

 *It's* **OK** *to...*

Have an extra dessert

Not to be a size 4

Not exercise on vacation

Eat dessert first

 *It's* **OK** *to...*

Not wear a tie to a funeral

Not wear a tie to church or synagogue

Miss your puppy

Call home to ask how the day is going

It's **OK** *to...*

Play toss with your granddaughter

Fly a kite with a child

Play house with your grandchildren

FLY A KITE FI

KITE FLY A KITE FLY A KITE FLY A KITE FLY A KITE FLY A KITE FLY A KITE FLY A KITE FLY A KITE FLY A KITE FLY A KITE FLY A KITE FLY A KITE FLY A KITE FLY A KITE FLY A KITE FLY A KITE FLY A KITE FLY A KITE FLY A KITE FLY A

Take a computer lesson from your neighbor, even if he is only two years old

 *It's* **OK** *to...*

Make eye contact with a stranger

Smile at a stranger

Be the youngest in a crowd of seniors or be a senior in a crowd of youngsters

 *It's* **OK** *to...*

Lose your hair

Let your hair turn gray

Start at the bottom

Start over

It's **OK** *to...*

Tell your attorney he charges too much

 *It's* **OK** *to...*

Send your children to a public or private school

Tell professionals that you appreciate what they have done for you

Send your teacher a note to tell him/her "thanks"

 *It's* **OK** *to...*

Give blood

Be a volunteer "any" time of the year

Share no matter how much or how little you have

Support your local politician
Support your local band
Support your local school system

It's **OK** *to...*

Ask for advice

Ask for help

Ask a friend to pick you up

Adopt a pet

Adopt a child

Adopt a highway

 *It's* **OK** *to...*

Serve on a non-profit board

Give to charity anonymously

Go to a fundraiser alone

*Buy something that you don't need
to help out a charity*

 *It's* **OK** *to...*

Give in every now and then

Take a crying baby or child into bed with you at night

It's  **OK** *to...*

Like your in-laws

Laugh at your mother-in-law's jokes

Call your mother-in-law and ask her how she is doing

Kiss or hug...
your father, your best friend,
your in-laws,
or friend of the same sex

It's **OK** *to...*

Just hold hands

Kiss in public

Tell someone they're beautiful

Give a present to someone "just because"

Love someone that doesn't even know that you exist

*It's* **OK** *to...*

Fill your wife's gas tank

Be your spouse's best friend

Wake your spouse in the middle of the night to tell them that you love them and...

Say **NO** *to your children*

Tell your children that you love them

It's **OK** *to...*

Tell your children how proud you are of them

Never give up on someone that you love

Be OK!

This book is dedicated to the memory of my mother, Ellen Seidner Schneider, who taught me, through her insight, the meaning of being okay.

Henry W. Schneider